Impressum
Verlag: BABADADA GmbH, Nedderfeld 112 , 22529 Hamburg
Geschäftsführer / Verlagsleitung: Harald Hof
Druck: Books on Demand GmbH, In de Tarpen 42, 22848 Norderstedt

Imprint
Publisher: BABADADA GmbH, Nedderfeld 112 , 22529 Hamburg, Germany
Managing Director / Publishing direction: Harald Hof
Print: Books on Demand GmbH, In de Tarpen 42, 22848 Norderstedt, Germany

kool

skole

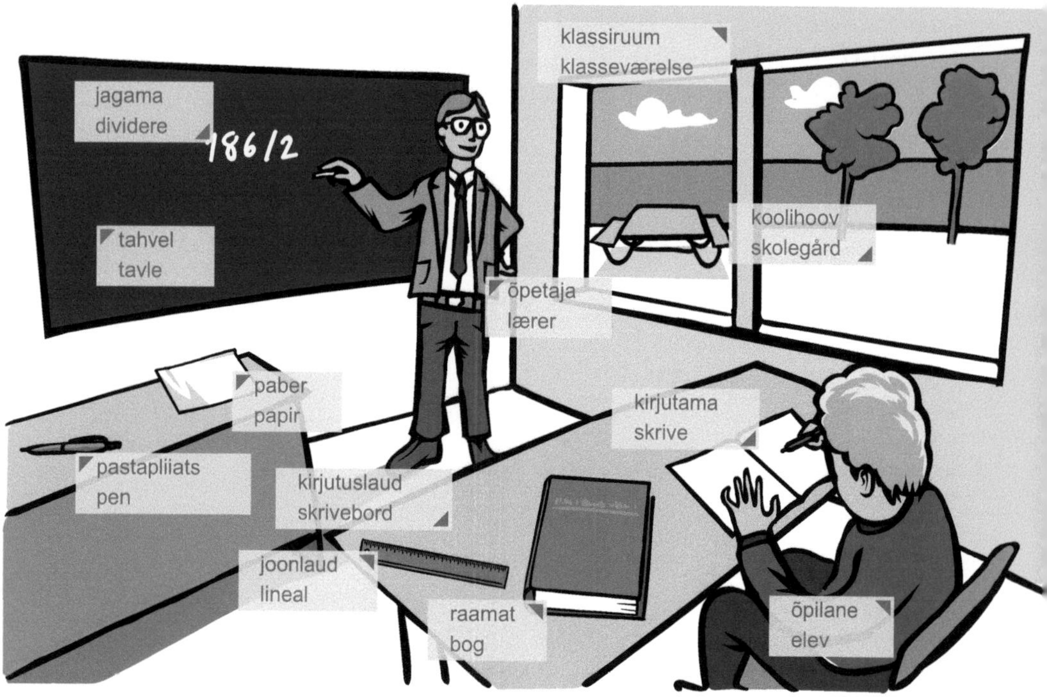
klassiruum
klasseværelse
jagama
dividere
186/2
tahvel
tavle
koolihoov
skolegård
õpetaja
lærer
paber
papir
kirjutama
skrive
pastapliiats
pen
kirjutuslaud
skrivebord
joonlaud
lineal
raamat
bog
õpilane
elev

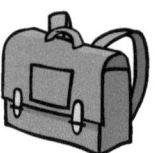

koolikott
skoletaske

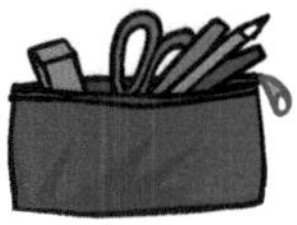

pinal
penalhus

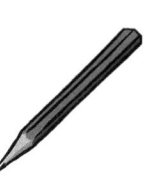

harilik pliiats
blyant

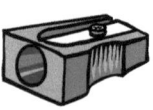

pliiatsiteritaja
blyantspidser

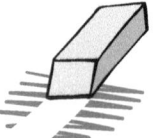

kustukumm
viskelæder

joonistusplokk
tegneblok

joonistus

tegning

pintsel

pensel

värvikarp

æske med vandfarver

käärid

saks

liim

lim

töövihik

opgavehefte

kodutöö

lektie

number

tal

liitma

addere

lahutama

subtrahere

korrutama

multiplicere

arvutama

regne

täht

bogstav

tähestik

alfabet

sõna

ord

tekst

tekst

lugema

læse

kriit

kridt

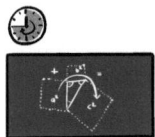

koolitund

time

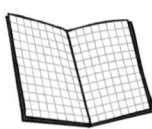

klassipäevik

klasseprotokol

eksam

eksamen

tunnistus

karakterbog

koolivorm

skoleuniform

haridus

uddannelse

entsüklopeedia

leksikon

ülikool

universitet

mikroskoop

mikroskop

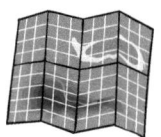

kaart

kort

paberikorv

papirkurv

reisimine
rejse

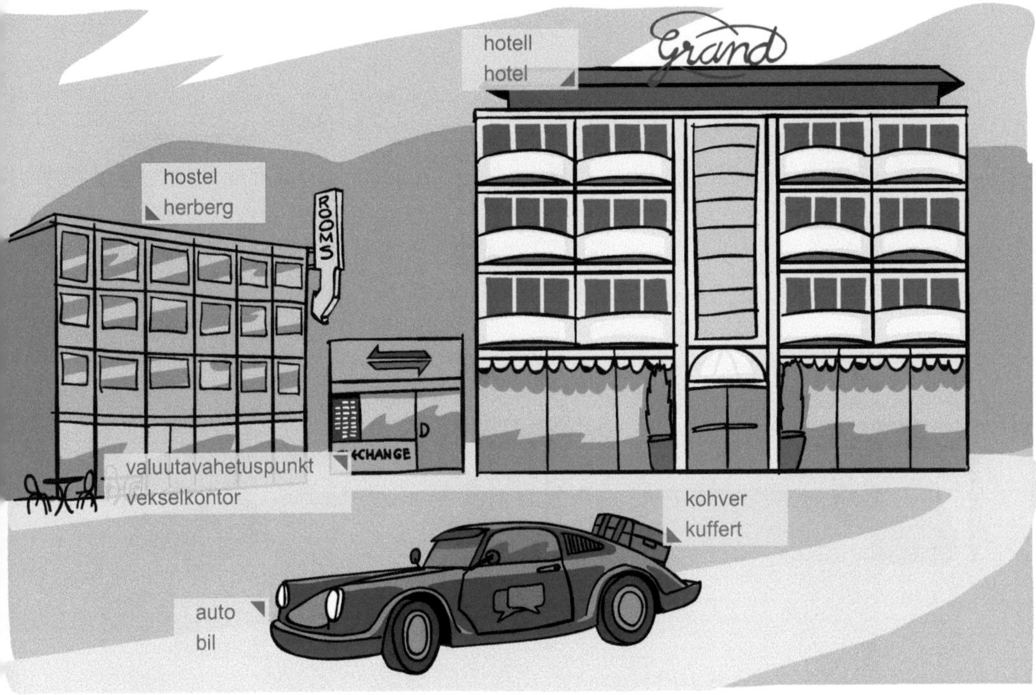

hotell
hotel
Grand
hostel
herberg
ROOMS
valuutavahetuspunkt
vekselkontor
kohver
kuffert
auto
bil

keel
sprog

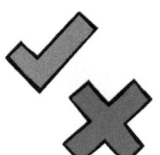

jah / ei
ja / nej

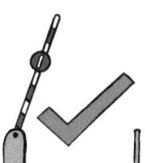

okei
okay

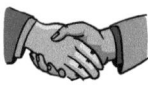

Tere!
hej

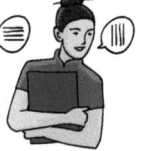

tõlk
oversætter

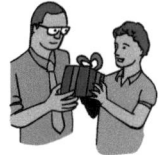

Aitäh!
tak

Kui palju maksab …?

hvad koster…?

Ma ei saa aru

Jeg forstår ikke

probleem

problem

Tere õhtust!

God aften!

Tere hommikust!

God morgen!

Head ööd!

God nat!

Head aega!

farvel

suund

retning

pagas

bagage

kott

taske

seljakott

rygsæk

külaline

gæst

tuba

værelse

magamiskott

sovepose

telk

telt

turismiinfo

turistinformation

rand

strand

krediitkaart

kreditkort

hommikusöök

morgenmad

lõunasöök

middagsmad

õhtusöök

aftensmad

pilet

billet

lift

elevator

postmark

frimærke

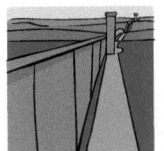

riigipiir

grænse

toll

told

saatkond

ambassade

viisa

visum

pass

pas

transport
transport

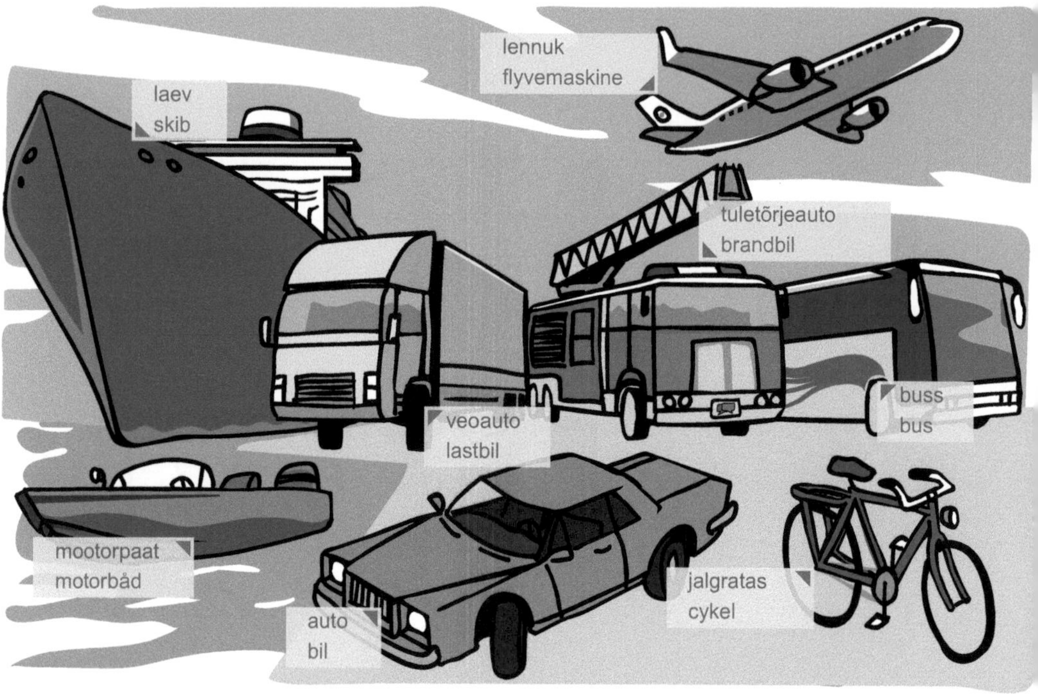
lennuk
flyvemaskine
laev
skib
tuletõrjeauto
brandbil
buss
bus
veoauto
lastbil
mootorpaat
motorbåd
jalgratas
cykel
auto
bil

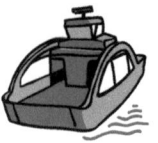

praam

færge

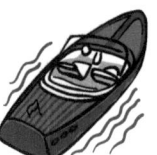

paat

båd

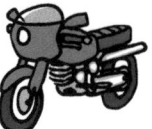

mootorratas

motorcykel

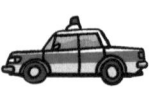

politseiauto

politibil

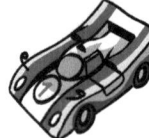

võidusõiduauto

racerbil

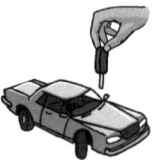

rendiauto

lejebil

ühisauto

samkørsel

puksiirauto

kranbil

prügiauto

skraldebil

mootor

motor

kütus

benzin

tankla

tankstation

liiklusmärk

trafikskilt

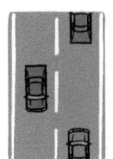

liiklus

trafik

liiklusummik

trafikprop

parkla

parkeringsplads

raudteejaam

banegård

rööpad

skinner

rong

tog

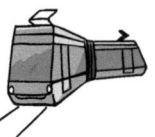

tramm

sporvogn

vagun

wagon

transport - transport

helikopter
helikopter

lennujaam
lufthavn

torn
tårn

reisija
passager

konteiner
container

pappkast
karton

käru
kærre

korv
kurv

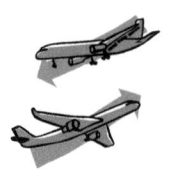

õhku tõusma / maanduma
starte / lande

linn

by

küla
landsby

kesklinn
bymidte

maja
hus

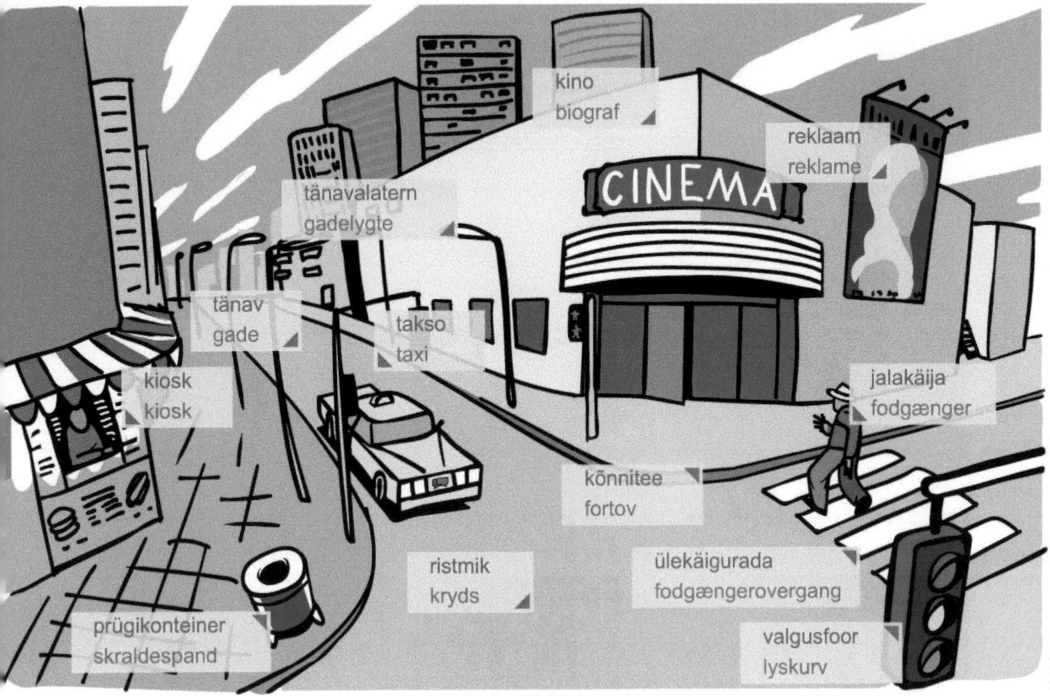
kino
biograf
reklaam
reklame
CINEMA
tänavalatern
gadelygte
tänav
gade
takso
taxi
kiosk
kiosk
jalakäija
fodgænger
kõnnitee
fortov
ristmik
kryds
ülekäigurada
fodgængerovergang
prügikonteiner
skraldespand
valgusfoor
lyskurv

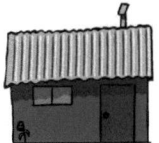

osmik

hytte

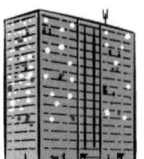

kortermaja

lejlighed

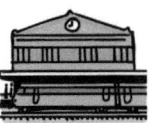

raudteejaam

banegård

raekoda

rådhus

MUSEUM

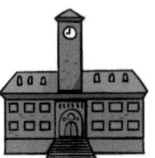

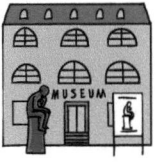

muuseum

museum

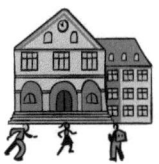

kool

skole

ülikool

universitet

pank

bank

haigla

sygehus

hotell

hotel

apteek

apotek

kontor

kontor

raamatupood

boghandel

kauplus

butik

lillepood

blomsterbutik

supermarket

supermarked

turg

marked

kaubamaja

stormagasin

kalapood

fiskehandler

kaubanduskeskus

butikscenter

sadam

havn

park
park

pink
bænk

sild
bro

trepp
trappe

metroo
undergrundsbane

tunnel
tunnel

bussipeatus
busstoppested

baar
barnevogn

restoran
restaurant

postkast
postkasse

tänavasilt
vejskilt

parkimisautomaat
parkometer

loomaaed
zoo

ujula
badeanstalt

mošee
moske

talu
bondegård

reostus
miljøforurening

surnuaed
kirkegård

kirik
kirke

mänguväljak
legeplads

tempel
tempel

maastik
landskab

leht
blad

teeviit
vejviser

tee
vej

aas
eng

kivi
sten

matkaja
vandrer

puu
træ

jõgi
flod

rohi
græs

lill
blomst

org
dal

mägi
bjerg

järv
sø

mets
skov

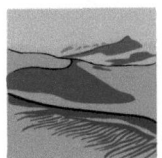

kõrb
ørken

vulkaan
vulkan

linnus
slot

vikerkaar
regnbue

seen
svamp

palm
palme

sääsk
moskito

kärbes
flue

sipelgas
myre

mesilane
bi

ämblik
edderkop

mardikas

bille

konn

frø

orav

egern

siil

pindsvin

jänes

hare

öökull

ugle

lind

fugl

luik

svane

metssiga

vildsvin

hirv

hjort

põder

elg

pais

dæmning

tuuleturbiin

vindmølle

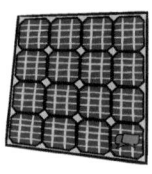

päikesepaneel

solcellemodul

kliima

klima

restoran
restaurant

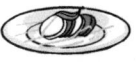

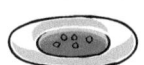

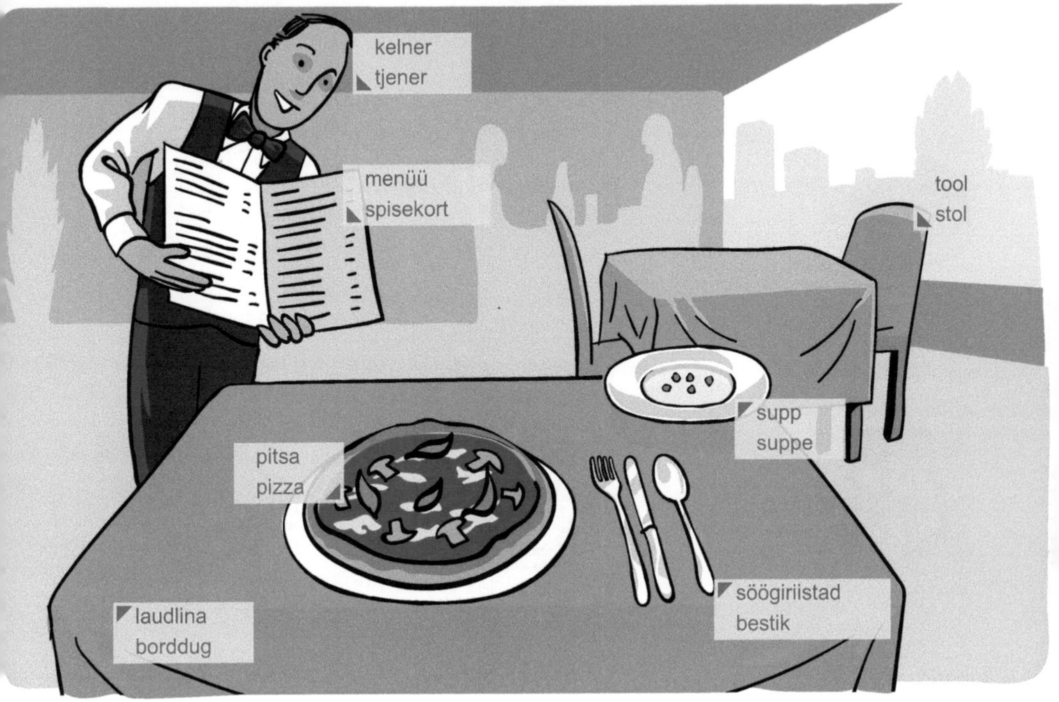

kelner
tjener
menüü
spisekort
tool
stol
supp
suppe
pitsa
pizza
söögiriistad
bestik
laudlina
borddug

eelroog

forret

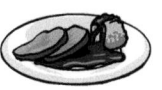

pearoog

hovedret

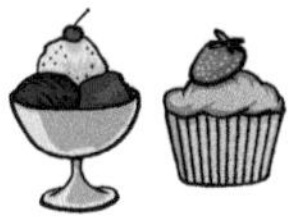

magustoit

dessert

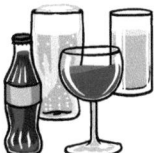

joogid

drikkevarer

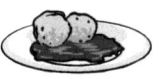

toit

mad

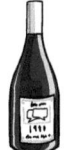

pudel

flaske

kiirtoit

fastfood

tänavatoit

streetfood

teekann

tekande

suhkrutoos

sukkerdåse

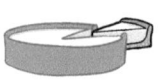

portsjon

portion

espressomasin

espressomaskine

lastetool

barnestol

arve

faktura

kandik

tablet

nuga

kniv

kahvel

gaffel

lusikas

ske

teelusikas

teske

salvrätik

serviet

klaas

glas

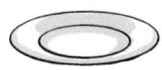

taldrik
....
tallerken

supitaldrik
....
dyb tallerken

alustass
....
underkop

kaste
....
sovs

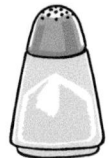

soolatoos
....
saltbøsse

pipraveski
....
peberkværn

äädikas
....
eddike

õli
....
olie

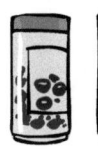

vürtsid
....
krydderier

ketšup
....
ketchup

sinep
....
sennep

majonees
....
mayonnaise

supermarket
supermarked

eripakkumine
tilbud
FOR
klient
kunde
piimatooted
mælkeprodukter
puuviljad
frugt
ostukäru
indkøbsvogn

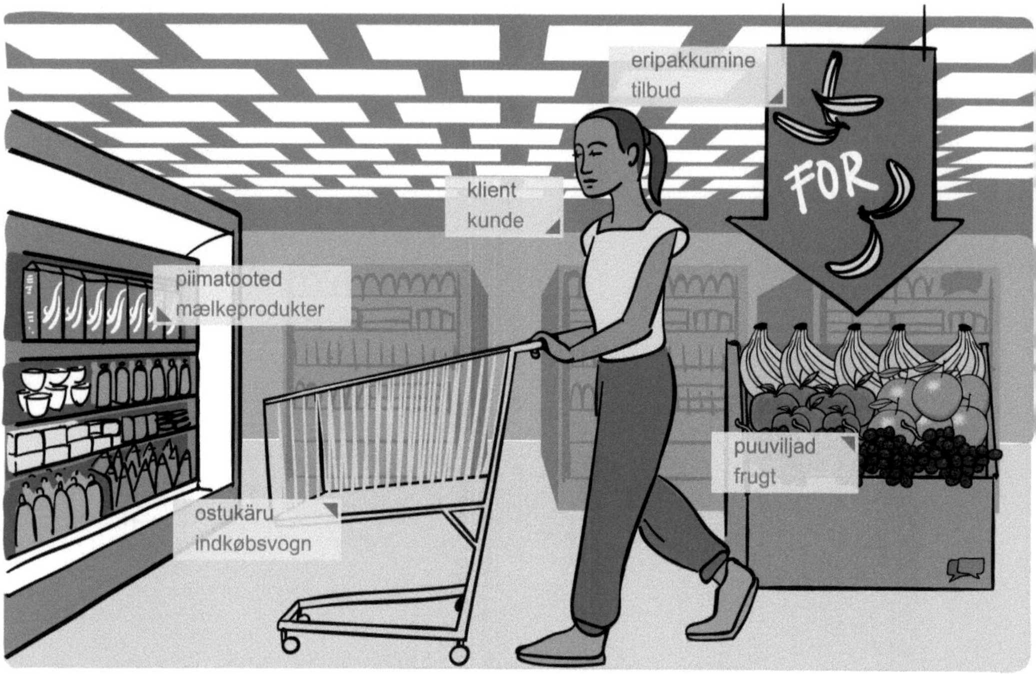

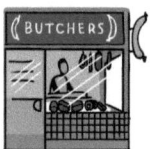

BUTCHERS

lihapood

slagter

BAKERY

pagariäri

bageri

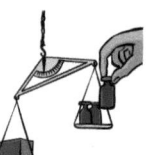

kaaluma

veje

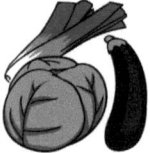

köögiviljad

grøntsager

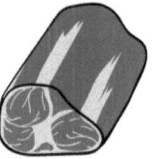

liha

kød

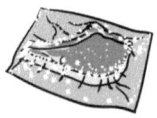

külmutatud toit

frostvarer

lihalõigud

pålæg

konservid

konserves

pesupulber

vaskemiddel

maiustused

slik

majatarbed

husholdningsvarer

puhastustooted

rengøringsmidler

müüja

ekspedient

kassaaparaat

kasse

kassapidaja

kasserer

ostunimekiri

indkøbsliste

lahtiolekuajad

åbningstider

rahakott

tegnebog

krediitkaart

kreditkort

kott

taske

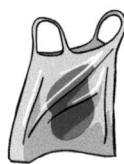

kilekott

plasticpose

joogid
drikkevarer

vesi

vand

mahl

saft

piim

mælk

koola

cola

vein

vin

õlu

øl

alkohol

alkohol

kakao

kakao

tee

te

kohv

kaffe

espresso

espresso

cappuccino

cappuccino

banaan

banan

õun

æble

apelsin

appelsin

arbuus

melon

sidrun

citron

porgand

gulerod

küüslauk

hvidløg

bambus

bambus

sibul

løg

seen

svamp

pähklid

nødder

nuudlid

nudler

spagetid

spaghetti

riis

ris

salat

salat

friikartulid

pomfritter

praekartulid

stegte kartofler

pitsa

pizza

hamburger

hamburger

võileib

sandwich

šnitsel

schnitzel

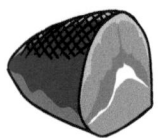

sink

skinke

salaami

salami

vorst

pølse

kana

kylling

praeliha

steg

kala

fisk

kaerahelbed

havregryn

müsli

mysli

maisihelbed

cornflakes

jahu

mel

sarvesai

croissant

kukkel

rundstykke

leib

brød

röstsai

toast

küpsised

kiks

või

smør

kohupiim

kvark

kook

kage

muna

æg

praemuna

spejlæg

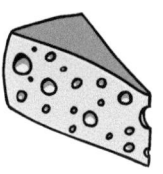

juust

ost

jäätis

is

suhkur

sukker

mesi

honning

moos

marmelade

pähklivõie

nougat-creme

karri

karry

talu
bondegård

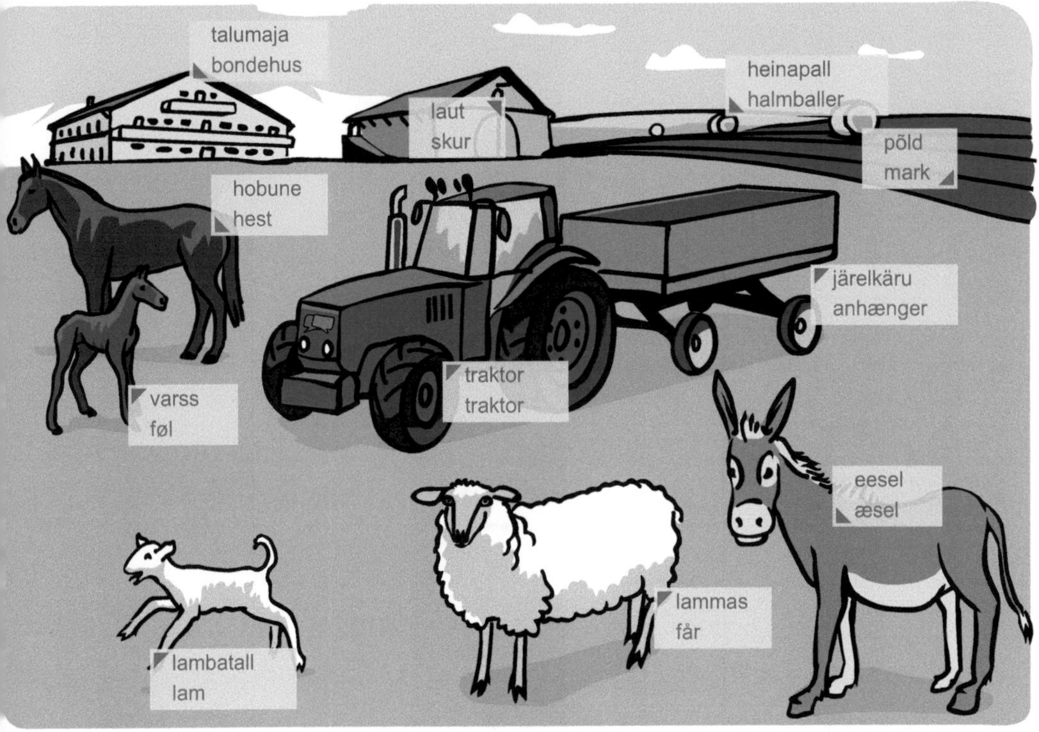
talumaja
bondehus
laut
skur
heinapall
halmballer
põld
mark
hobune
hest
järelkäru
anhænger
traktor
traktor
varss
føl
eesel
æsel
lammas
får
lambatall
lam

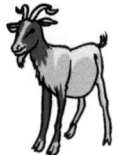

kits
ged

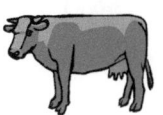

lehm
ko

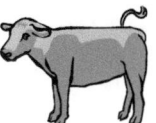

vasikas
kalv

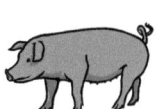

siga
svin

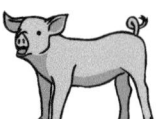

põrsas
gris

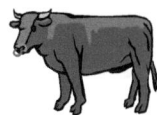

pull
tyr

hani

gås

part

and

tibu

kylling

kana

høne

kukk

hane

rott

rotte

käss

kat

hiir

mus

härg

okse

koer

hund

koerakuut

hundehus

aiavoolik

haveslange

kastekann

vandkande

vikat

le

ader

plov

sirp
segl

kõblas
hakkejern

hang
møggreb

kirves
økse

käru
trillebør

küna
trug

piimanõu
mælkekande

kott
sæk

tara
hæk

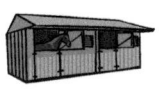

tall
stald

kasvuhoone
drivhus

muld
jord

seeme
frø

väetis
gødning

kombain
mejetærsker

saaki koristama

høste

saagikoristus

høst

jamss

yams

nisu

hvede

soja

soja

kartul

kartoffel

mais

majs

raps

raps

viljapuu

frugttræ

maniokk

maniok

teravili

korn

maja
hus

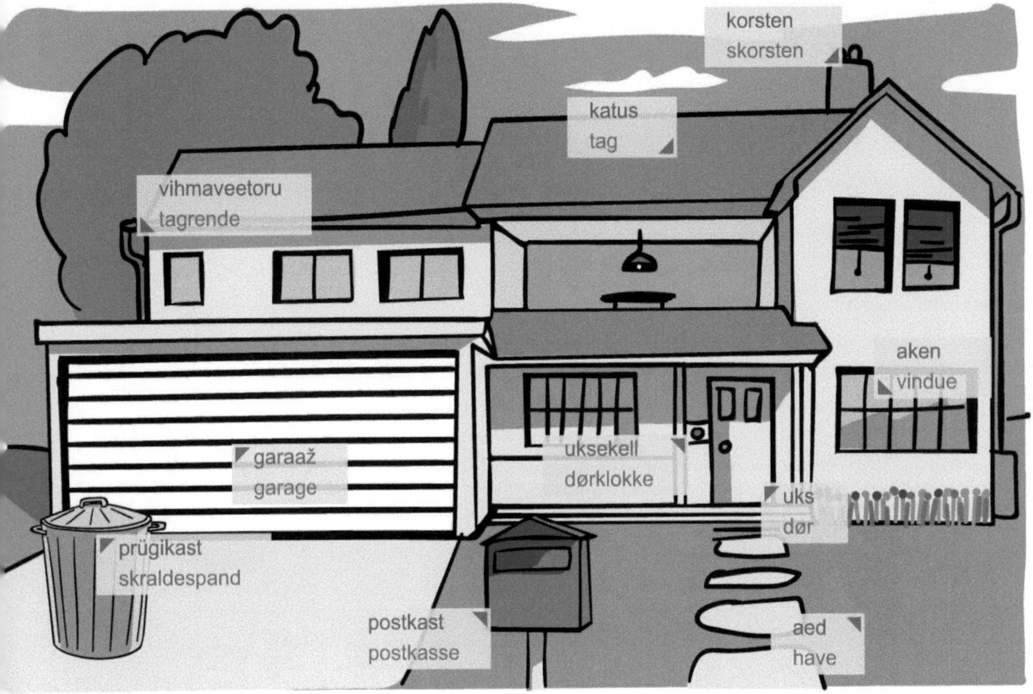
korsten
skorsten
katus
tag
vihmaveetoru
tagrende
aken
vindue
garaaž
garage
uksekell
dørklokke
uks
dør
prügikast
skraldespand
postkast
postkasse
aed
have

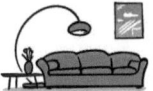

elutuba

stue

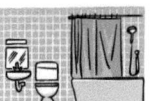

vannituba

badeværelse

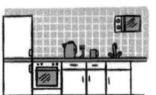

köök

køkken

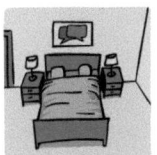

magamistuba

soveværelse

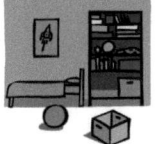

lastetuba

børneværelse

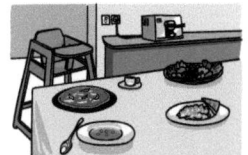

söögituba

spisestue

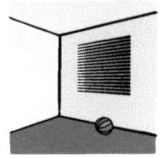

põrand
gulv

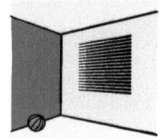

sein
væg

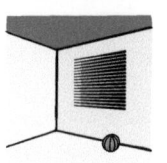

lagi
loft

kelder
kælder

saun
sauna

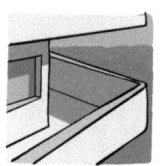

rõdu
altan

terrass
terrasse

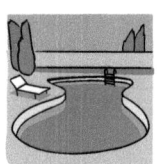

bassein
svømmehal

muruniiduk
plæneklipper

voodilina
dynebetræk

päevatekk
dyne

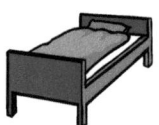

voodi
seng

luud
kost

ämber
spand

lüliti
kontakt

elutuba
stue

tapeet
tapet
pilt
billede
lamp
lampe
riiul
reol
kapp
skab
televiisor
fjernsyn
kamin
pejs
lill
blomst
padi
pude
diivan
sofa
vaas
vase
kaugjuhtimispult
fjernbetjening

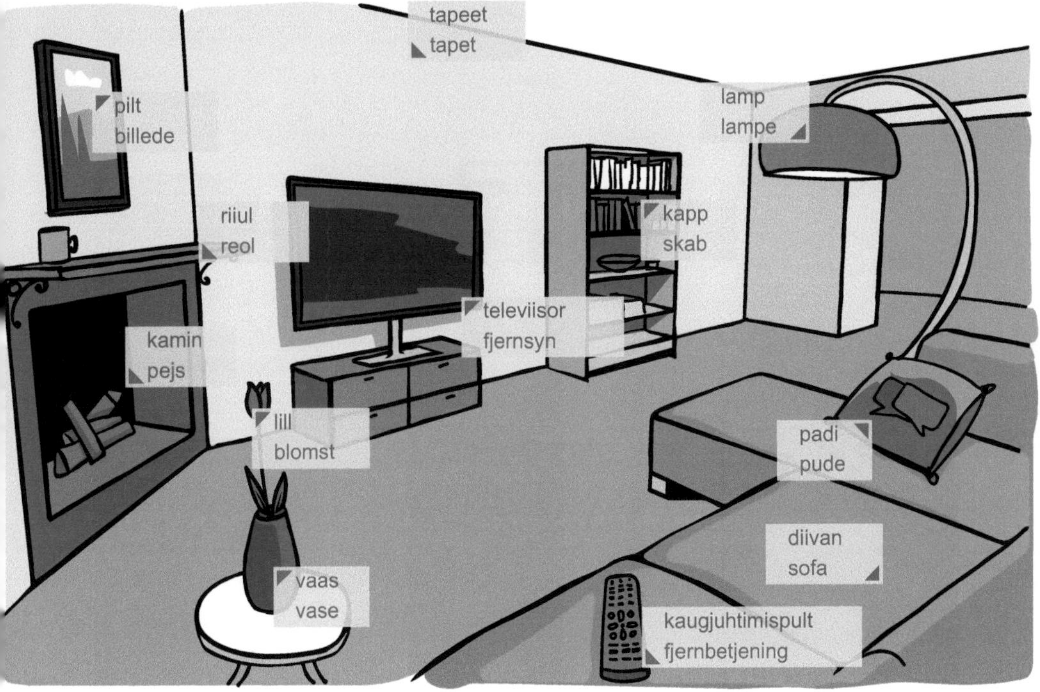

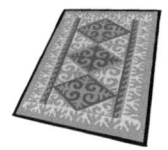

vaip
gulvtæppe

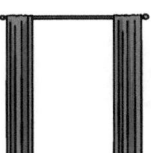

kardin
gardin

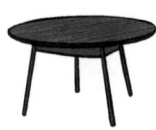

laud
bord

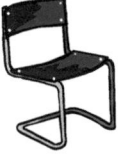

tool
stol

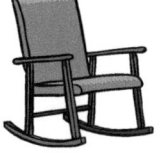

kiiktool
gyngestol

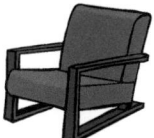

tugitool
lænestol

raamat
bog

tekk
tæppe

kaunistus
dekoration

küttepuud
brænde

film
film

helisüsteem
stereoanlæg

võti
nøgle

ajaleht
avis

maal
maleri

plakat
plakat

raadio
radio

märkmik
notesblok

tolmuimeja
støvsuger

kaktus
kaktus

küünal
lys

köök
køkken

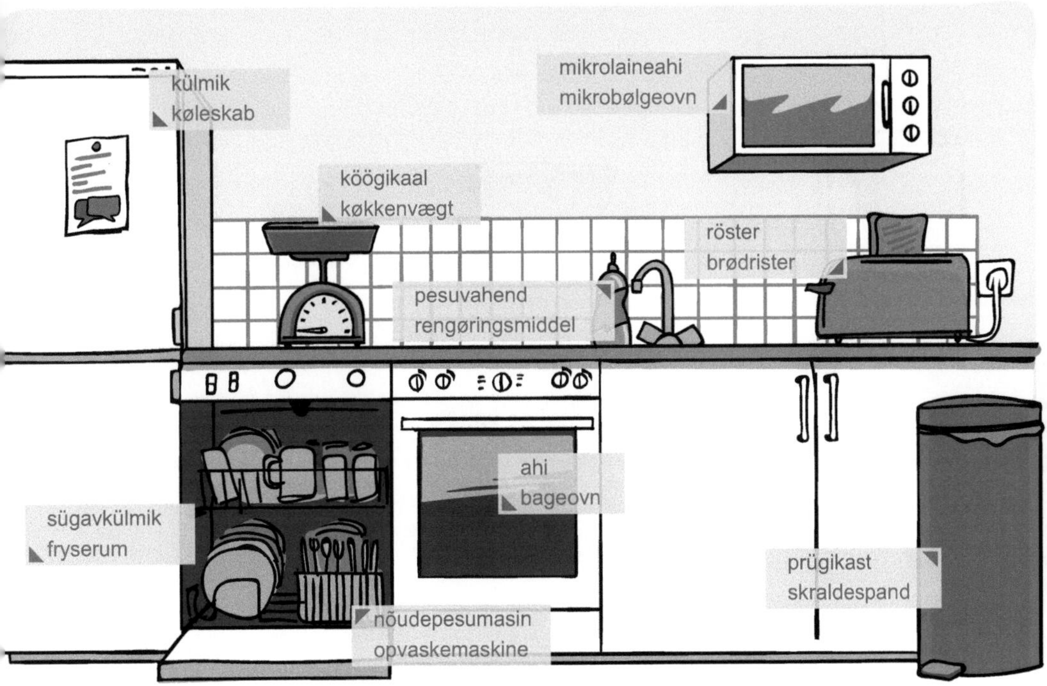
külmik
køleskab
mikrolaineahi
mikrobølgeovn
köögikaal
køkkenvægt
röster
brødrister
pesuvahend
rengøringsmiddel
ahi
bageovn
sügavkülmik
fryserum
prügikast
skraldespand
nõudepesumasin
opvaskemaskine

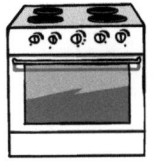

pliit
komfur

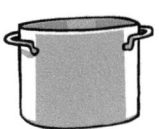

pott
gryde

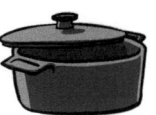

malmpott
jerngryde

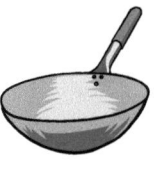

vokkpann
wok / kadai

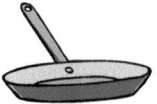

pann
pande

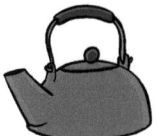

veekeetja
elkedel

aurutaja

dampkoger

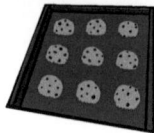

küpsetusplaat

bageplade

lauanõud

service

kruus

bæger

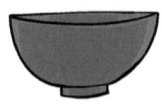

kauss

skål

söögipulgad

spisepinde

kulp

øseske

pannilabidas

paletkniv

vispel

piskeris

kurn

dørslag

sõel

si

riiv

rive

uhmer

morter

grill

grille

lahtine tuli

ildsted

lõikelaud

skærebræt

tainarull

kagerulle

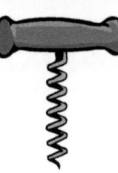

korgitser

proptrækker

konservipurk

dåse

konserviavaja

dåseåbner

pajakinnas

grydelap

kraanikauss

køkkenvask

hari

børste

pesukäsn

svamp

kannmikser

blender

sügavkülmuti

dybfryser

lutipudel

sutteflaske

segisti

vandhane

vannituba
badeværelse

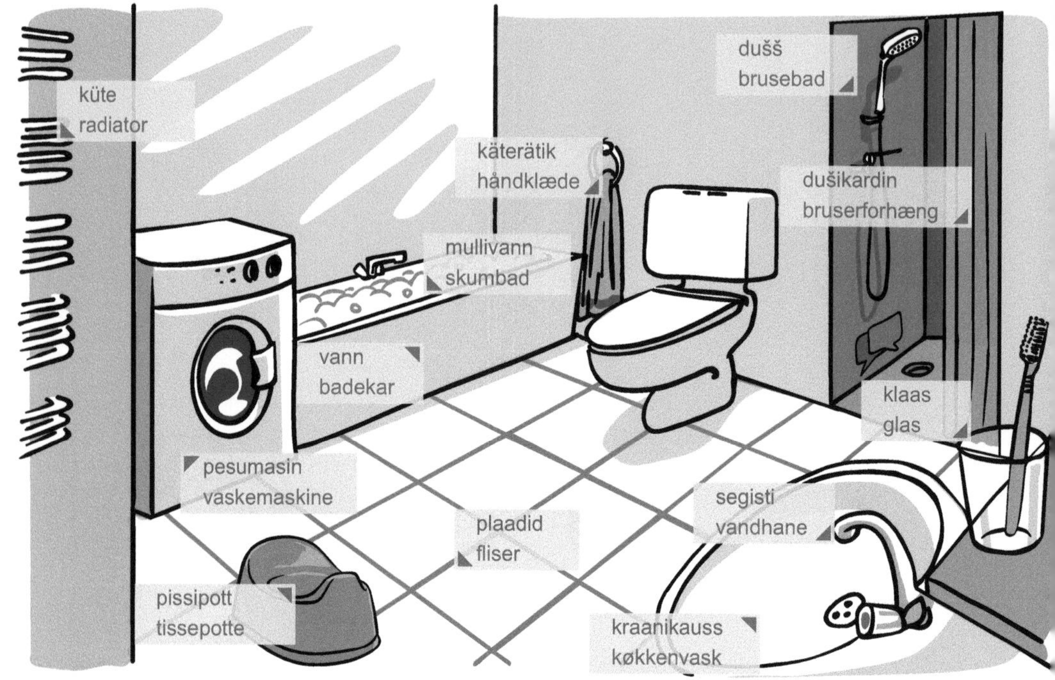

küte
radiator

dušš
brusebad

käterätik
håndklæde

dušikardin
bruserforhæng

mullivann
skumbad

vann
badekar

klaas
glas

pesumasin
vaskemaskine

segisti
vandhane

plaadid
fliser

pissipott
tissepotte

kraanikauss
køkkenvask

WC-pott
toilet

kükitamistualett
hugsiddende toilet

bidee
bidet

pissuaar
pissoir

tualettpaber
toiletpapir

WC-hari
toiletbørste

hambahari

tandbørste

hambapasta

tandpasta

hambaniit

tandtråd

pesema

vaske

käsidušš

håndbruser

intiimdušš

intimbruser

pesukauss

vaskefad

seljahari

badebørste

seep

sæbe

dušigeel

brusegele

šampoon

shampoo

vamm

vaskeklud

äravool

afløb

kreem

creme

deodorant

deodorant

peegel
spejl

käsipeegel
kosmetikspejl

habemenuga
barberhøvl

raseerimisvaht
barberskum

habemevesi
barbervand

kamm
kam

hari
børste

föön
hårtørrer

juukselakk
hårspray

meigikomplekt
makeup

huulepulk
læbestift

küünelakk
neglelak

vatt
vat

küünekäärid
neglesaks

parfüüm
parfume

tualett-tarvete kott
....
toilettaske

taburet
....
skammel

kaal
....
vægt

hommikumantel
....
badekåbe

kummikindad
....
gummihandsker

tampoon
....
tampon

hügieeniside
....
damebind

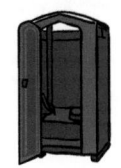

keemiline tualett
....
kemisk toilet

lastetuba
børneværelse

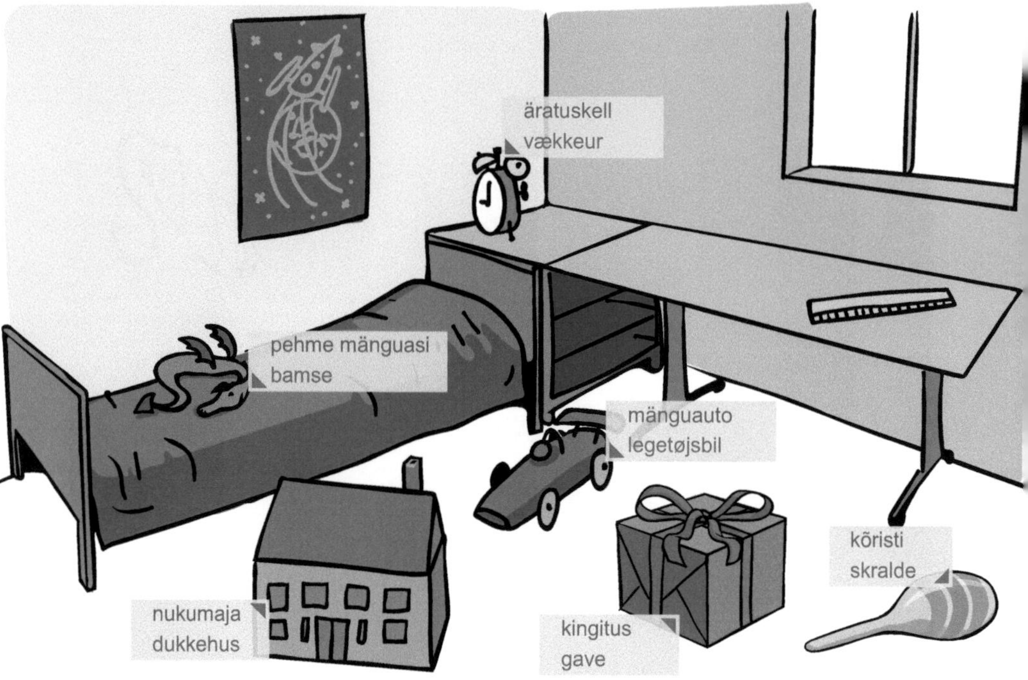

äratuskell
vækkeur
pehme mänguasi
bamse
mänguauto
legetøjsbil
kõristi
skralde
nukumaja
dukkehus
kingitus
gave

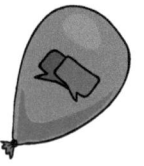

õhupall

ballon

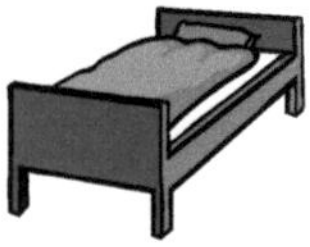

voodi

seng

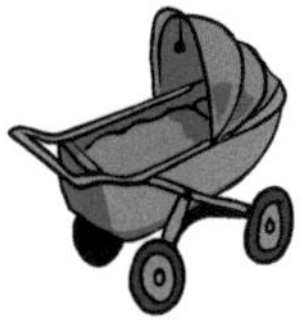

lapsevanker

barnevogn

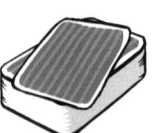

kaardipakk

kortspil

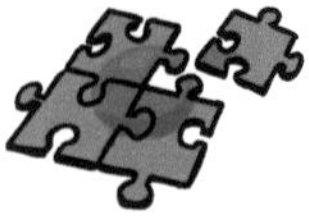

pusle

puslespil

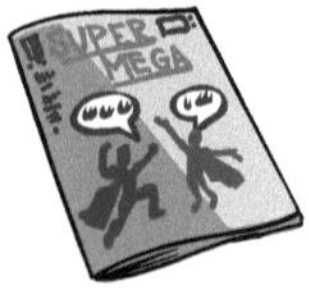

koomiks

tegneserie

Lego klotsid

legoklodser

klotsid

byggeklodser

kujuke

action figur

siputuspüksid

sparkedragt

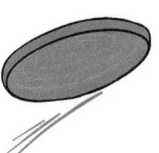

lendav taldrik

frisbee

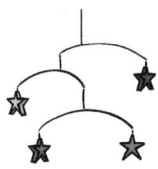

voodikarussell

uro

lauamäng

brætspil

täringud

terning

mudelrong

modeljernbane

lutt

sut

pidu

fest

pildiraamat

billedbog

pall

bold

nukk

dukke

mängima

lege

liivakast

sandkasse

kiik

gynge

mänguasjad

legetøj

mängukonsool

spillekonsol

kolmerattaline jalgratas

trehjulet cykel

mängukaru

bamse

riidekapp

klædeskab

riietus

tøj

sokid

sokker

sukad

strømper

sukkpüksid

strømpebukser

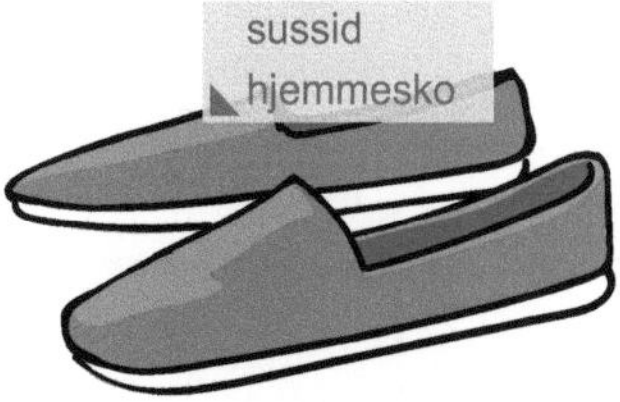

sall
sjal

vihmavari
paraply

T-särk
T-shirt

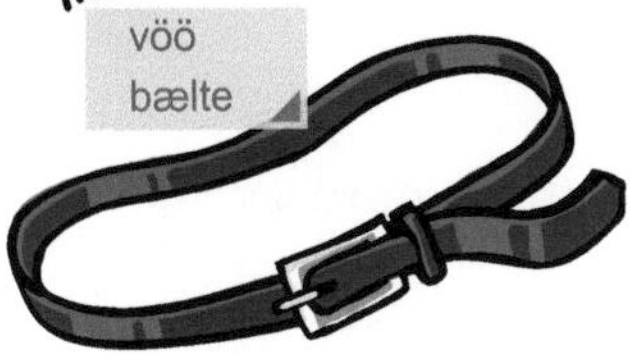

vöö
bælte

saapad
støvler

sussid
hjemmesko

tossud
sneakers

sandaalid
sandaler

jalatsid
sko

kummikud
gummistøvler

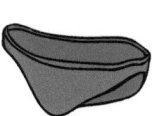

aluspüksid
underbukser

rinnahoidja
BH

vest
undertrøje

bodi

body

püksid

bukser

teksapüksid

jeans

seelik

nederdel

pluus

bluse

särk

skjorte

sviiter

pullover

dressipluus

sweatshirt

bleiser

blazer

jakk

jakke

mantel

frakke

vihmamantel

regnfrakke

kostüüm

kostume

kleit

kjole

pulmakleit

brudekjole

ülikond

jakkesæt

öösärk

nattrøje

pidžaama

pyjamas

sari

sari

pearätt

hovedtørklæde

turban

turban

burka

burka

kaftan

kaftan

abayah

abaya

ujumistrikoo

badedragt

ujumispüksid

badebukser

lühikesed püksid

korte bukser

dressid

træningsdragt

põll

forklæde

kindad

handsker

nöör
knap

prillid
briller

käevõru
armbånd

kaelakee
kæde

sõrmus
ring

kõrvarõngas
ørering

nokamüts
hue

riidepuu
bøjle

kaabu
hat

lips
slips

tõmblukk
lynlås

kiiver
hjelm

traksid
seler

koolivorm
skoleuniform

vormirõivad
uniform

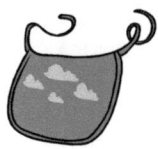

pudipõll

hagesmæk

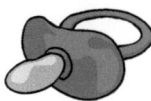

lutt

sut

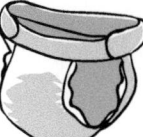

mähe

ble

kontor

kontor

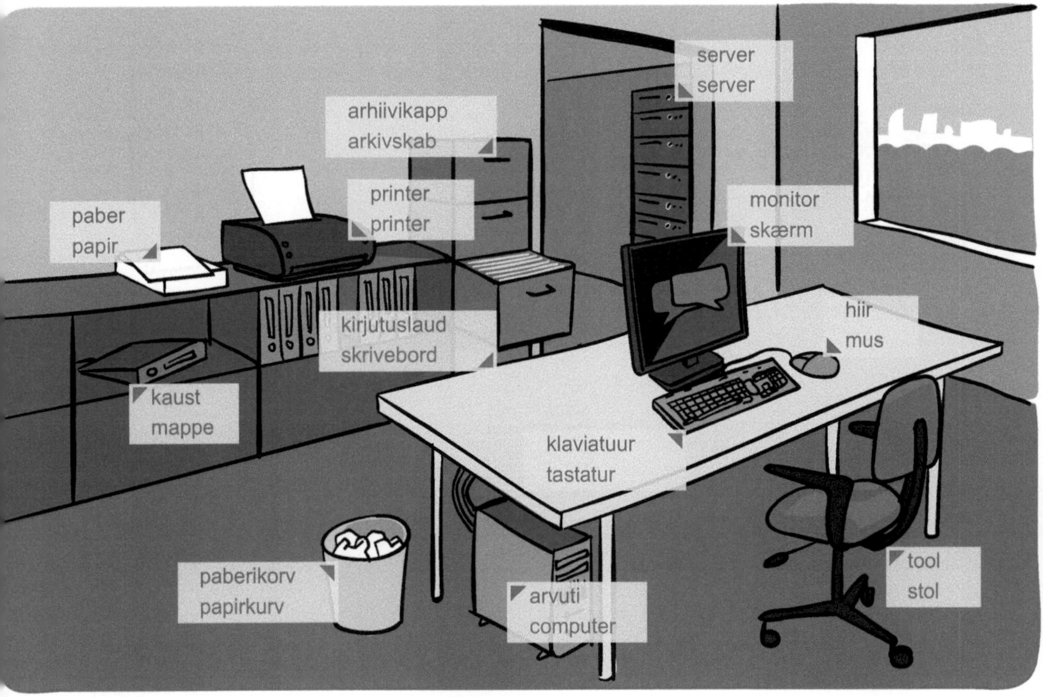
server
server
arhiivikapp
arkivskab
printer
printer
paber
papir
monitor
skærm
hiir
mus
kirjutuslaud
skrivebord
kaust
mappe
klaviatuur
tastatur
tool
stol
paberikorv
papirkurv
arvuti
computer

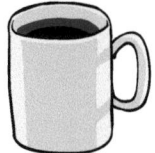

kohvikruus

kaffekrus

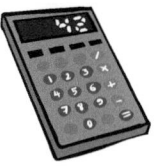

kalkulaator

lommeregner

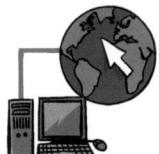

internet

internet

sülearvuti

bærbar

kiri

brev

sõnum

besked

mobiiltelefon

mobil

võrk

netværk

koopiamasin

kopimaskine

tarkvara

software

telefon

telefon

pistikupesa

stikdåse

faksimasin

fax

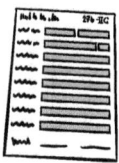

vorm

formular

dokument

dokument

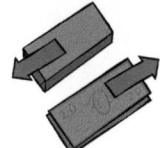

ostma

køpe

maksma

betale

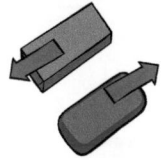

vahetama

handle

raha

penge

dollar

dollar

euro

euro

jeen

yen

rubla

rubel

Šveitsi frank

schweizerfranc

renminbi jüaan

renminbi yuan

ruupia

rupee

sularahaautomaat

hæveautomat

valuutavahetuspunkt

vekselkontor

kuld

guld

hõbe

sølv

nafta

olie

energia

energi

hind

pris

leping

kontrakt

maks

skat

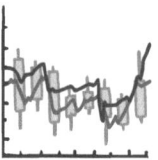

aktsia

aktie

töötama

arbejde

töötaja

ansat

tööandja

arbejdsgiver

tehas

fabrik

kauplus

butik

politseinik
politimand

tuletõrjuja
brandmand

kokk
kok

arst
læge

piloot
pilot

aednik

gartner

puusepp

tømrer

õmbleja

syerske

kohtunik

dommer

keemik

kemiker

näitleja

skuespiller

bussijuht

buschauffør

taksojuht

taxachauffør

kalamees

fisker

koristaja

rengøringskone

katusepaigaldaja

tagdækker

kelner

tjener

jahimees

jæger

maaler

maler

pagar

bager

elektrik

elektriker

ehitaja

bygningsarbejder

insener

ingeniør

lihunik

slagter

torumees

vvs-mand

postiljon

postbud

sõdur

soldat

arhitekt

arkitekt

kassapidaja

kasserer

lillemüüja

blomsterhandler

juuksur

frisør

piletikontrolör

togfører

mehaanik

mekaniker

kapten

kaptajn

hambaarst

tandlæge

teadlane

videnskabsmand

rabi

rabbiner

imaam

imam

munk

munk

preester

præst

tööriistad
værktøj

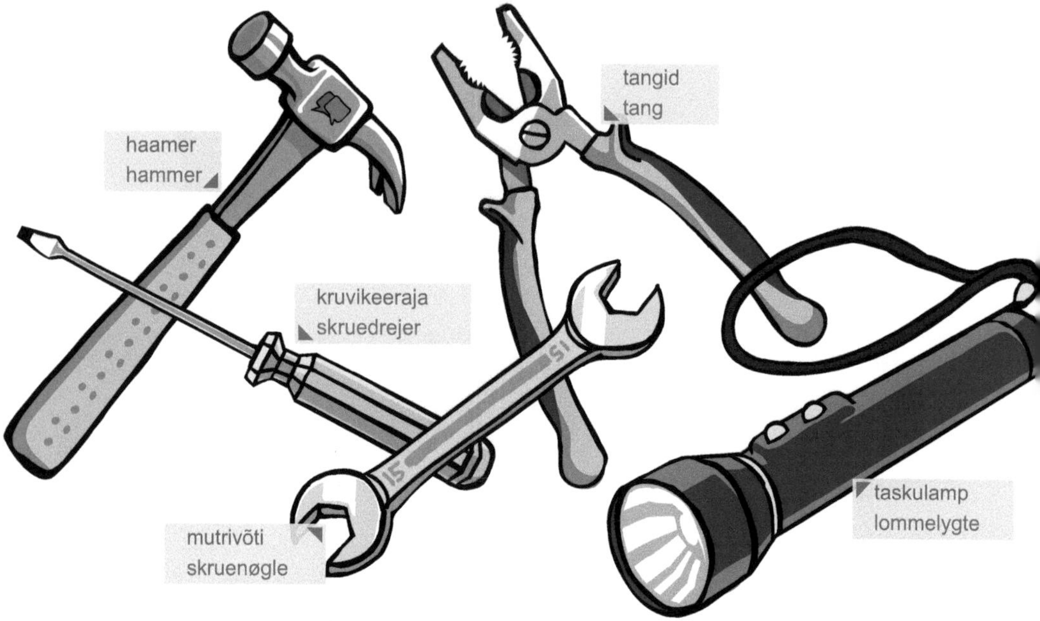
haamer
hammer
tangid
tang
kruvikeeraja
skruedrejer
mutrivõti
skruenøgle
taskulamp
lommelygte

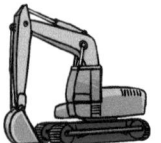

ekskavaator

gravemaskine

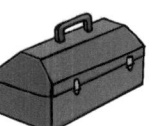

tööriistakast

værktøjskasse

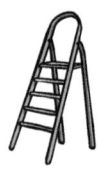

redel

stige

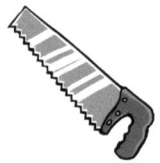

saag

sav

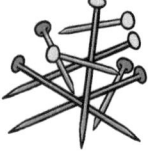

naelad

søm

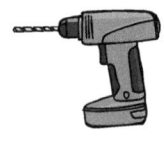

trell

bor

parandama

reparere

labidas

skovl

Põrgusse!

Lort!

kühvel

fejebakke

värvipott

malerspand

kruvid

skruer

pillid
musikinstrumenter

kõlar
højttaler

trummikomplekt
trommer

kontrabass
kontrabas

trompet
trompet

kitarr
guitar

klaver
klaver

viiul
violin

bass
bas

timpan
pauke

trummid
tromme

süntesaator
keyboard

saksofon
saxofon

flööt
fløjte

mikrofon
mikrofon

loomaaed

zoo

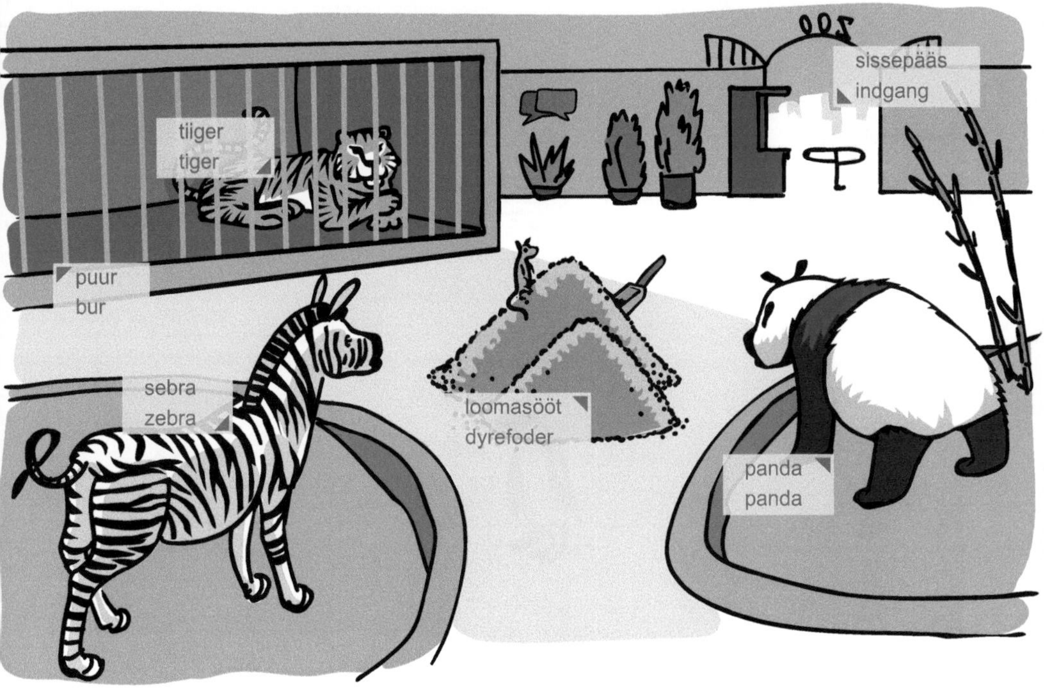

tiiger
tiger
sissepääs
indgang
puur
bur
sebra
zebra
loomasööt
dyrefoder
panda
panda

loomad

dyr

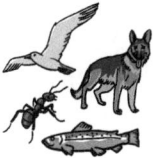

elevant

elefant

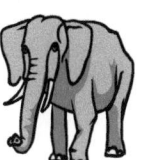

känguru

kænguru

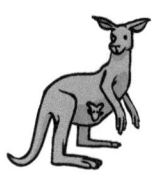

ninasarvik

næsehorn

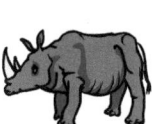

gorilla

gorilla

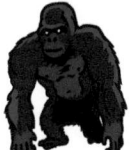

karu

bjørn

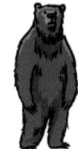

kaamel

kamel

jaanalind

struds

lõvi

løve

ahv

abe

flamingo

flamingo

papagoi

papegøje

jääkaru

isbjørn

pingviin

pingvin

hai

haj

paabulind

påfugl

madu

slange

krokodill

krokodille

loomaaiatalitaja

dyrepasser

hüljes

sæl

jaaguar

jaguar

poni

pony

leopard

leopard

jõehobu

flodhest

kaelkirjak

giraf

kotkas

ørn

metssiga

vildsvin

kala

fisk

kilpkonn

skildpadde

morsk

hvalros

rebane

ræv

gasell

gazelle

Ameerika jalgpall
amerikansk football

jalgrattasõit
cykling

tennis
tennis

korvpall
basketball

ujumine
svømning

poksimine
boksning

jäähoki
ishockey

jalgpall
....
fodbold

sulgpall
....
badminton

kergejõustik
....
atletik

käsipall
....
håndbold

suusatamine
....
skiløb

polo
....
polo

62   sport - sport

tegevused
aktiviteter

naerma
grine
hüppama
springe
kallistama
give et knus
jalutama
gå
laulma
synge
unistama
drømme
palvetama
bede
suudlema
kysse

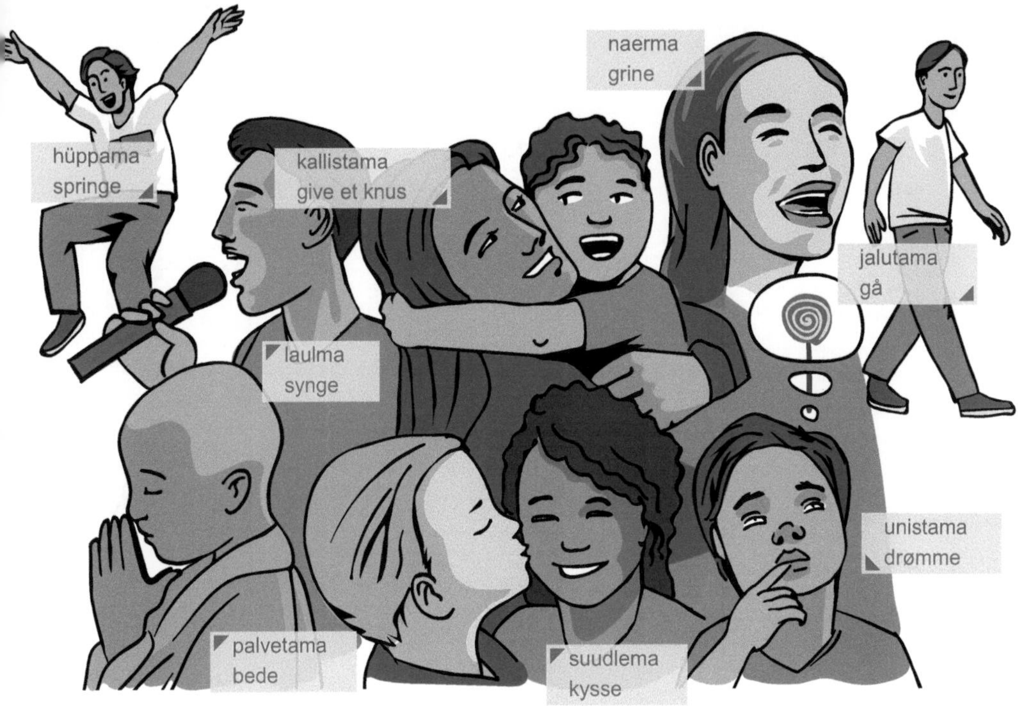

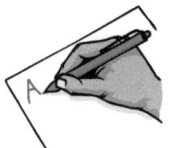

kirjutama

skrive

joonistama

tegne

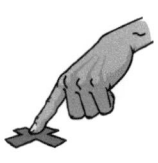

näitama

vise

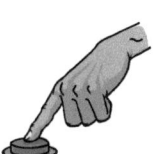

lükkama

skubbe

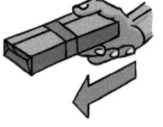

andma

give

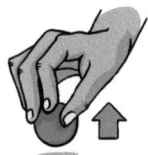

võtma

tage

omama

have

tegema

gøre

olema

være

seisma

stå

jooksma

løbe

tõmbama

trække

viskama

kaste

kukkuma

falde

lamama

ligge

ootama

vente

kandma

bære

istuma

sidde

riidesse panema

tage på

magama

sove

ärkama

vågne

vaatama
se på

nutma
græde

paitama
ae

kammima
kæmme

rääkima
tale

aru saama
forstå

küsima
spørge

kuulama
høre

jooma
drikke

sööma
spise

korrastama
rydde op

armastama
elske

süüa tegema
koge

sõitma
køre

lendama
flyve

purjetama

sejle

arvutama

regne

lugema

læse

õppima

lære

töötama

arbejde

abielluma

gifte sig med

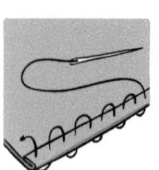

õmblema

sy

hambaid pesema

børste tænder

tapma

dræbe

suitsetama

ryge

saatma

sende

perekond
familie

vanaema
bedstemor

vanaisa
bedstefar

isa
far

ema
mor

imik
baby

tütar
datter

poeg
søn

külaline

gæst

tädi

tante

onu

onkel

vend

bror

öde

søster

perekond - familie   67

keha

krop

otsmik
pande
silm
øje
õlg
skulder
sõrm
finger
nägu
ansigt
lõug
hage
käsi
hånd
jalg
ben
rind
bryst
käsivars
arm

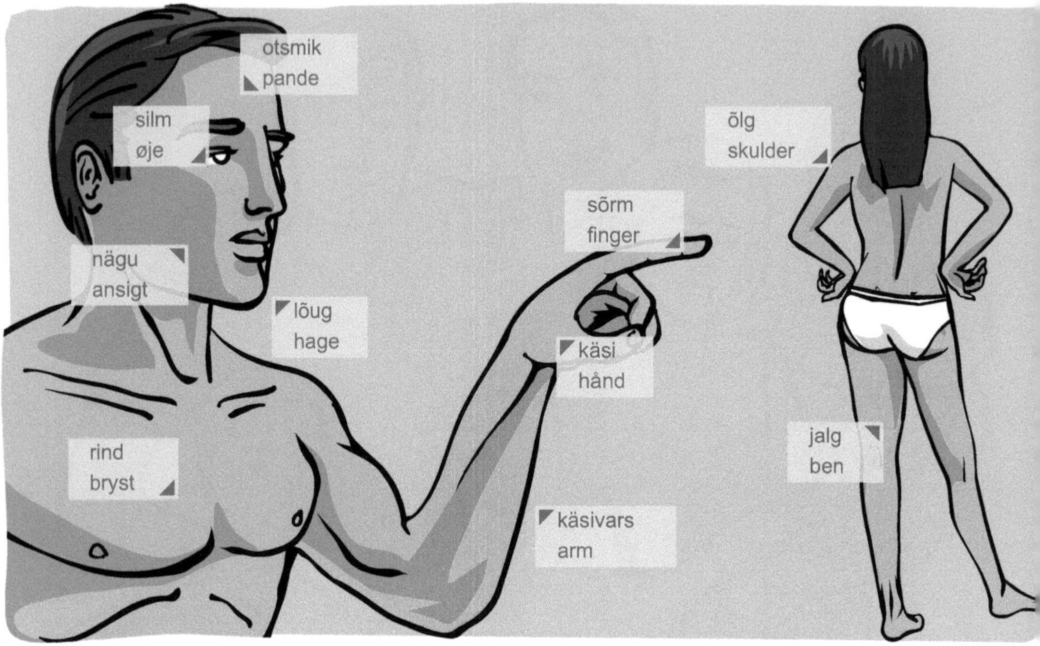

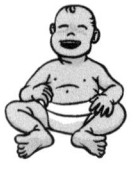

imik

baby

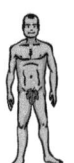

mees

mand

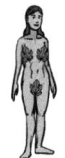

naine

kvinde

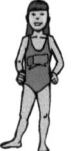

tüdruk

pige

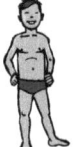

poiss

dreng

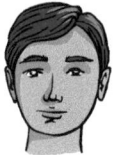

pea

hoved

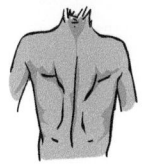

selg
ryg

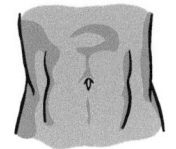

kõht
mave

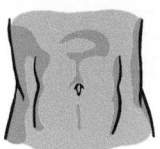

naba
navle

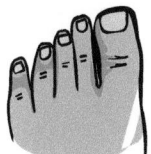

varvas
tå

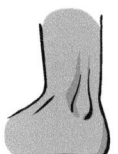

kand
hæl

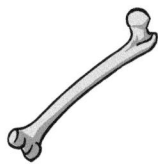

luu
knogle

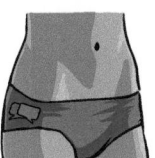

puus
hofte

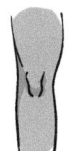

põlv
knæ

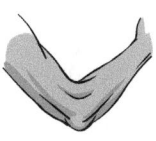

küünarnukk
albue

nina
næse

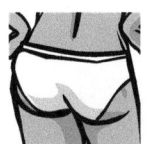

tagumik
bagdel

nahk
hud

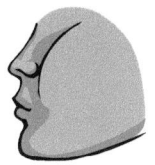

põsk
kind

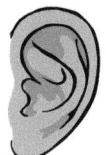

kõrv
øre

huuled
læbe

suu

mund

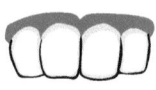

hammas

tand

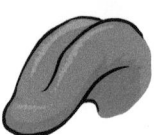

keel

tunge

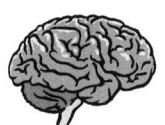

aju

hjerne

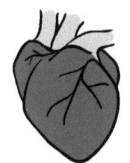

süda

hjerte

lihas

muskel

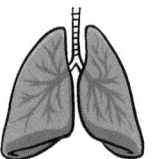

kops

lunge

maks

lever

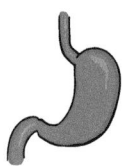

magu

mavesæk

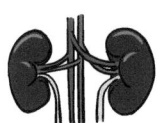

neerud

nyrer

seksuaalvahekord

sex

kondoom

kondom

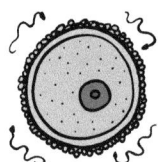

munarakk

ægcelle

sperma

sperm

rasedus

svangerskab

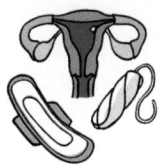

menstruatsioon
menstruation

vagiina
vagina

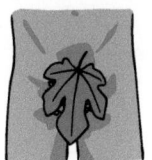

peenis
penis

kulm
øjenbryn

juuksed
hår

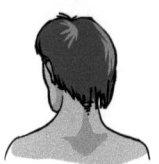

kael
hals

haigla
sygehus

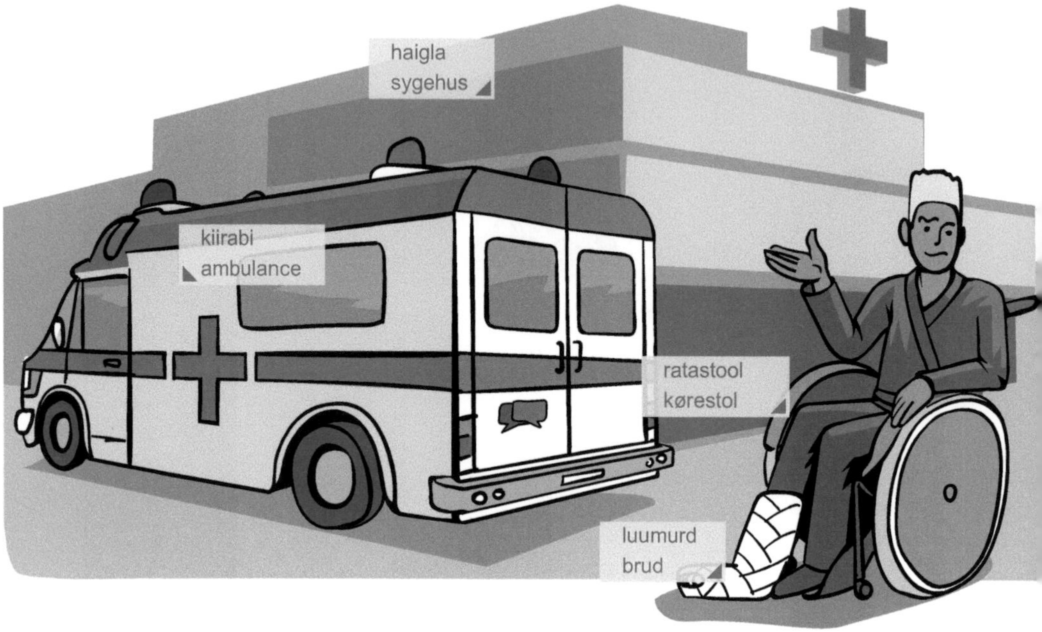

haigla
sygehus
kiirabi
ambulance
ratastool
kørestol
luumurd
brud

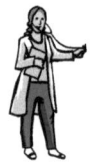

arst
lægе

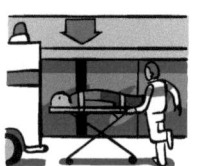

traumapunkt
akutmodtagelse

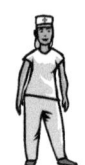

meditsiiniõde
sygeplejerske

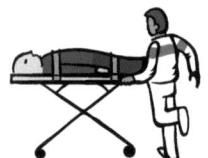

hädaolukord
nødstilfælde

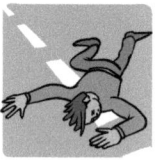

teadvuseta
bevidstløs

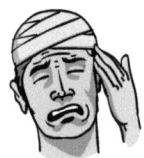

valu
smerte

vigastus

skade

verejooks

blødning

südamerabandus

hjerteinfarkt

insult

slagtilfælde

allergia

allergi

köha

hoste

palavik

feber

gripp

influenza

köhulahtisus

diarré

peavalu

hovedpine

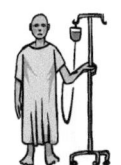

vähk

kræft

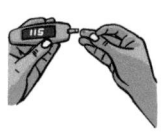

diabeet

diabetes

kirurg

kirurg

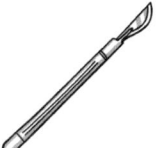

skalpell

skalpel

operatsioon

operation

KT
CT

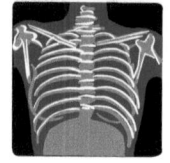

röntgen
røntgen

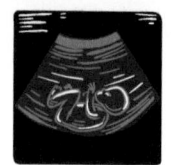

ultraheli
ultralyd

mask
maske

haigus
sygdom

ooteruum
venteværelse

kark
krykke

kips
plaster

side
forbinding

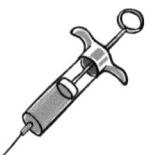

süst
injektion

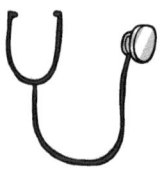

stetoskoop
stetoskop

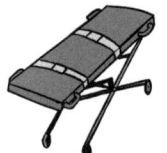

kanderaam
båre

kraadiklaas
termometer

sünd
fødsel

ülekaaluline
overvægt

kuuldeaparaat

høreapparat

desinfektsioonivahend

desinficerende middel

põletik

infektion

viirus

virus

HIV / AIDS

HIV / AIDS

meditsiin

medicin

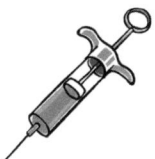

vaktsineerimine

vaccination

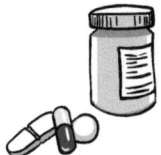

tabletid

tabletter

pill

pille

hädaabikõne

nødopkald

vererõhuaparaat

blodtryksmåler

haige / terve

syg / rask

Appi!

Hjælp!

häire

alarm

kallaletung

overfald

rünnak

angreb

oht

fare

avariiväljapääs

nødudgang

Tulekahju!

Det brænder!

tulekustuti

ildslukker

õnnetus

uheld

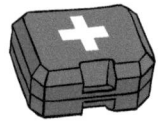

esmaabikomplekt

førstehjælps-kuffert

SOS

SOS

politsei

politi

Euroopa

Europa

Põhja-Ameerika

Nordamerika

Lõuna-Ameerika

Sydamerika

Aafrika

Afrika

Aasia

Asien

Austraalia

Australien

Atlandi ookean

Atlanterhavet

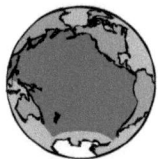

Vaikne ookean

Stillehavet

India ookean

Indiske Ocean

Lõuna-Jäämeri

Sydlige Ishav

Põhja-Jäämeri

Ishav

põhjapoolus

Nordpol

lõunapoolus

Sydpol

Antarktika

Antarktis

Maa

Jorden

maismaa

land

meri

hav

saar

ø

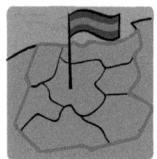

rahvus

nation

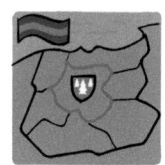

riik

stat

sihverplaat

urskive

tunniosuti

timeviser

minutiosuti

minutviser

sekundiosuti

sekundviser

Mis kell on?

Hvad er klokken?

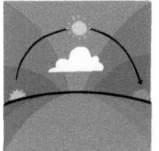

päev

dag

aeg

tid

praegu

nu

digitaalne kell

digitalur

minut

minut

tund

time

nädal
uge

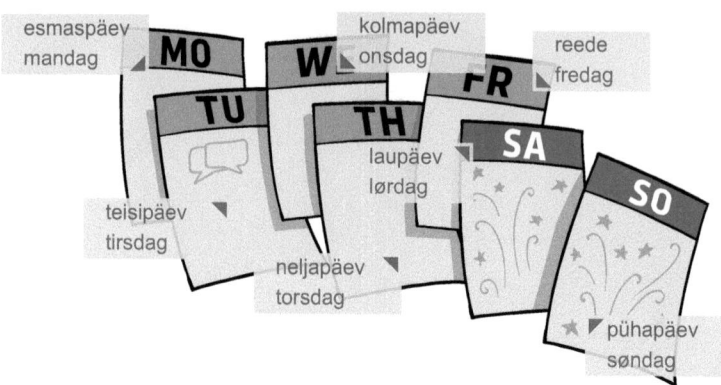

esmaspäev
mandag

kolmapäev
onsdag

reede
fredag

teisipäev
tirsdag

laupäev
lørdag

neljapäev
torsdag

pühapäev
søndag

eile
i går

täna
i dag

homme
i morgen

hommik
morgen

lõuna
middag

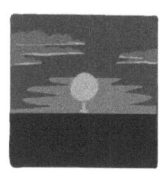

õhtu
aften

MO	TU	WE	TH	FR	SA	SU
1	2	3	4	5	6	7
8	9	10	11	12	13	14
15	16	17	18	19	20	21
22	23	24	25	26	27	28
29	30	31	1	2	3	4

tööpäevad
arbejdsdage

MO	TU	WE	TH	FR	SA	SU
1	2	3	4	5	6	7
8	9	10	11	12	13	14
15	16	17	18	19	20	21
22	23	24	25	26	27	28
29	30	31	1	2	3	4

nädalavahetus
weekend

aasta

år

vihm
regn
vikerkaar
regnbue
tuul
vind
lumi
sne
kevad
forår
suvi
sommer
sügis
efterår
talv
vinter

4.APRIL 11°
5.APRIL 4°
6.APRIL 13°
7.APRIL 8°
8.APRIL 10°

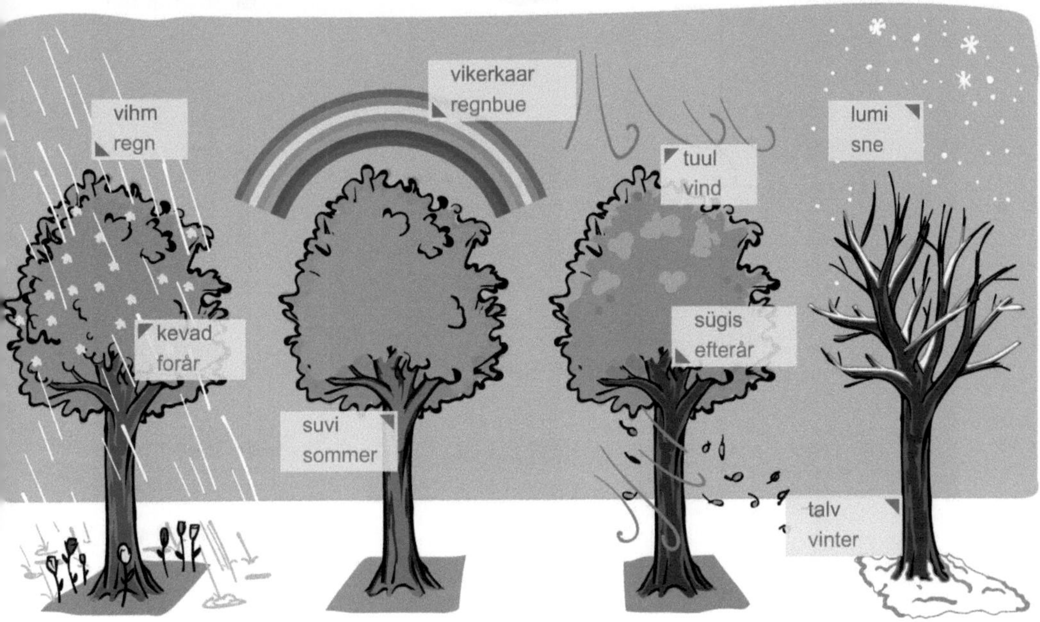

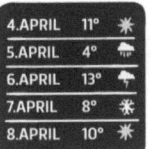

ilmaennustus

vejrudsigt

F C
120 40
90 30
60 20
30 10
0 0
-30 -10
-20

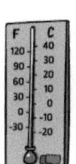

termomeeter

termometer

päikesepaiste

solskin

pilv

sky

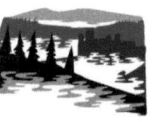

udu

tåge

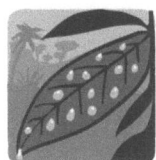

niiskus

luftfugtighed

pikne

lyn

kõu

torden

torm

storm

rahe

hagl

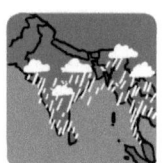

mussoon

monsun

üleujutus

flod

jää

is

jaanuar

januar

veebruar

februar

märts

marts

aprill

april

mai

maj

juuni

juni

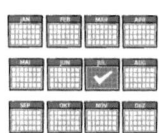

juuli

juli

august

august

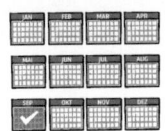

september
september

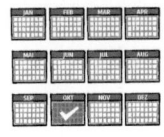

oktoober
oktober

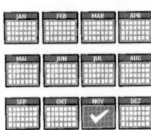

november
november

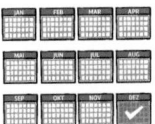

detsember
december

kujundid
former

ring
cirkel

ruut
kvadrat

nelinurk
firkant

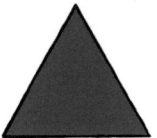

kolmnurk
trekant

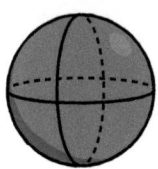

kera
kugle

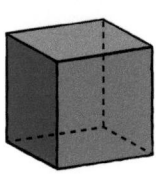

kuup
terning

valge

hvid

kollane

gul

oranž

orange

roosa

pink

punane

rød

lilla

lilla

sinine

blå

roheline

grøn

pruun

brun

hall

grå

must

sort

palju / vähe

meget / lidt

vihane / rahulik

rasende / fredelig

ilus / inetu

smuk / grim

algus / lõpp

begyndelse / slut

suur / väike

stor / lille

hele / tume

lys / mørk

vend / õde

bror / søster

puhas / must

ren / snavset

täielik / puudulik

fuldkommen / ufuldkommen

päev / öö

dag / nat

surnud / elus

død / levende

lai / kitsas

bred / smal

söödav / mittesöödav

spiselig / uspiselig

kuri / sõbralik

vred / venlig

põnevil / tüdinud

ophidset / kedet

paks / peenike

tyk / tynd

esimene / viimane

først / sidst

sõber / vaenlane

ven / fjende

täis / tühi

fuld / tom

kõva / pehme

hård / blød

raske / kerge

tung / let

nälg / janu

sult / tørst

haige / terve

syg / rask

ebaseaduslik / seaduslik

illegal / legal

tark / rumal

intelligent / dum

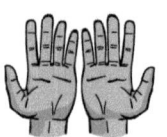

vasak / parem

venstre / højre

lähedal / kaugel

nær / fjern

uus / kasutatud
ny / brugt

mitte midagi / midagi
intet / noget

vana / noor
gammel / ung

sees / väljas
tændt / slukket

lahti / kinni
åben / lukket

vaikne / vali
stille / højt

rikas / vaene
rig / fattig

õige / vale
rigtig / forkert

kare / sile
ru / glat

kurb / rõõmus
ked af det / lykkelig

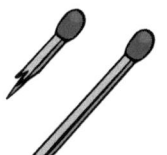

lühike / pikk
kort / lang

aeglane / kiire
langsom / hurtig

märg / kuiv
våd / tør

soe / jahe
varm / kold

sõda / rahu
krig / fred

0

null

nul

1

üks

en

2

kaks

to

3

kolm

tre

4

neli

fire

5

viis

fem

6

kuus

seks

7

seitse

syv

8

kaheksa

otte

9

üheksa

ni

10

kümme

ti

11

üksteist

elleve

12	**13**	**14**
kaksteist	kolmteist	neliteist
tolv	tretten	fjorten

15	**16**	**17**
viisteist	kuusteist	seitseteist
femten	seksten	sytten

18	**19**	**20**
kaheksateist	üheksateist	kakskümmend
atten	nitten	tyve

100	**1.000**	**1.000.000**
sada	tuhat	miljon
hundrede	tusinde	million

inglise

engelsk

Ameerika inglise

amerikansk engelsk

mandariini

kinesisk mandarin

hindi

hindi

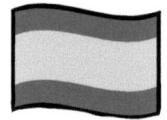

hispaania

spansk

prantsuse

fransk

araabia

arabisk

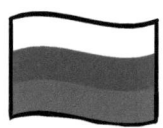

vene

russisk

portugali

portugisisk

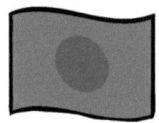

bengali

bengalsk

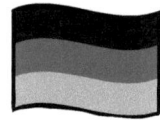

saksa

tysk

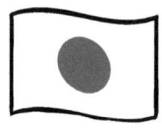

jaapani

japansk

mina

jeg

sina

du

tema

han / hun / den / det

meie

vi

teie

I

nemad

de

kes?

hvem?

mis?

hvad?

kuidas?

hvordan?

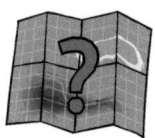

kus?

hvor?

millal?

hvornår?

nimi

navn

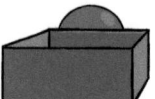

taga
bag

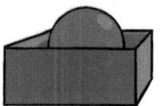

sees
i

ees
foran

kohal
over

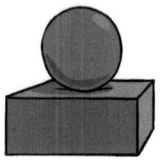

peal
på

all
under

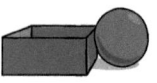

kõrval
ved siden af

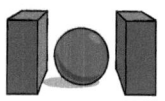

vahel
imellem

koht
sted